¿PARA QUÉ SIRVE ESTE CUADERNO?

Este cuaderno está diseñado especialmente para ayudarte a pensar y, más importante aún, a reflexionar sobre cómo aprendes. A lo largo de cinco lecciones, explorarás diversas habilidades que te permitirán profundizar en los temas de la asignatura de Religión. Siempre contarás con la orientación de tu profesor o profesora. Y para ello, utilizamos un método llamado "Aprendizaje basado en el pensamiento" (TBL), una estrategia educativa desarrollada por Robert Swartz. Este enfoque te ofrecerá maneras interesantes y entretenidas de abordar los contenidos de esta materia. ¡Prepárate para un viaje educativo, estimulante y reflexivo!

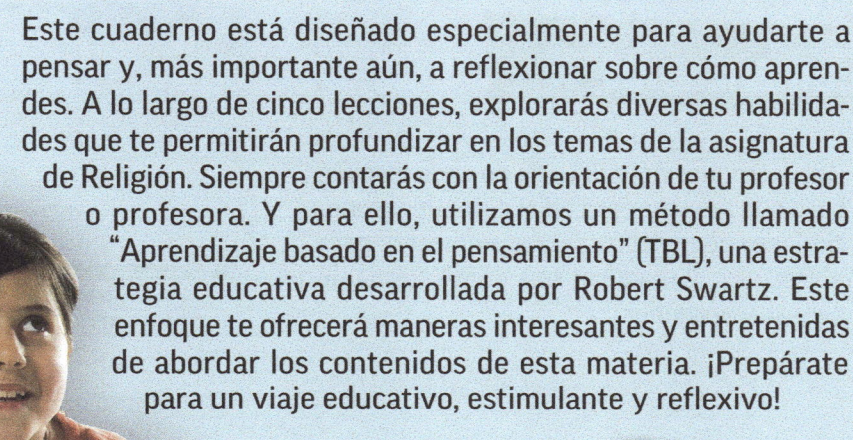

¡ATRÉVETE A EXPLORAR OTRAS FORMAS DE PENSAR PARA APRENDER!

¿CÓMO VAMOS A APRENDER EN CADA MOMENTO?

1. Comenzamos

Una introducción que varía en cada lección, pero que te sumergirá en el enfoque y conocimiento de la destreza que emplearás para a descubrir y practicar una nueva forma de pensar y aprender.

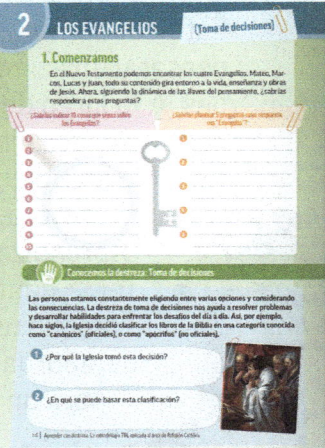

2. Desarrollamos

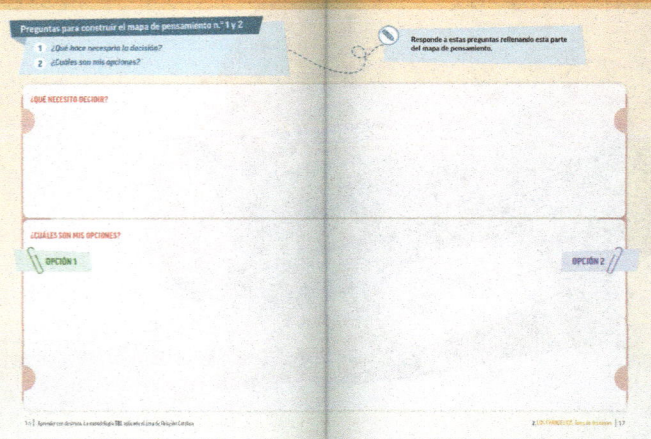

A través de diversas preguntas, tu proceso de aprendizaje se dirigirá hacia la meta: aprender un nuevo contenido y utilizar un método diferente de pensamiento mediante el sistema del "mapa de pensamiento", el cual tendrá distintas formas que te invitarán a activar y poner en marcha tu cerebro.

En cada lección se exploran diversos temas relacionados con la asignatura de Religión; y en cada una de ellas se pretende practicar una destreza o estrategia de pensamiento. A veces trabajarás de manera individual y otras en grupo, pero siempre con la finalidad de crear un "mapa de pensamiento" que te guiará en cada etapa de tu aprendizaje y que reflejará todo el proceso de tu aprendizaje. Para ello serán necesarios tres momentos que vienen definidos como:

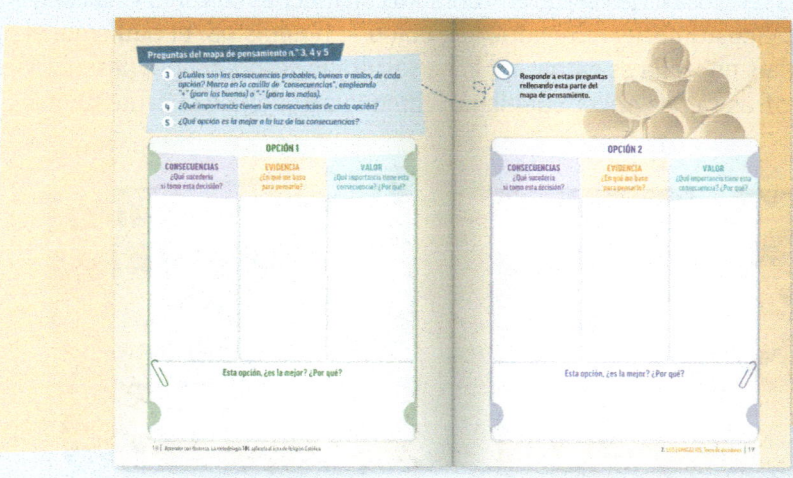

3. Evaluamos

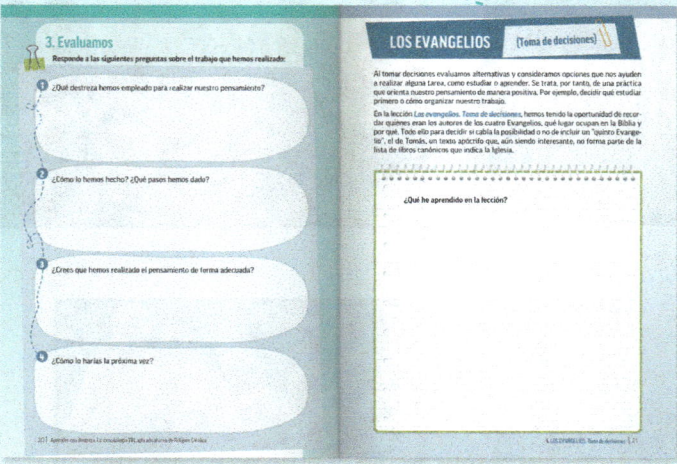

Al final de cada lección, tendrás la oportunidad de "poner nota" a lo que has aprendido y cómo lo has hecho. Las preguntas te orientarán. ¿Quieres entrenar y expandir tus habilidades de pensamiento?

SENTIDO DE LA VIDA Y RELIGIONES

(Comparar y contrastar)

1. Comenzamos

En sus viajes por los cinco continentes, la antropóloga Laura Pinto nos envía una serie de postales en las que, sin orden alguno, aparecen recogidas distintas celebraciones religiosas. Ha estado en contacto con muchas culturas y ha conocido rituales y costumbres muy curiosos, como el hinduismo, el budismo, el islam o el judaísmo... Ella es católica y le ha resultado sorprendente descubrir que existen otras ramas del cristianismo, como la ortodoxa o la protestante.

 • ¿Qué ves en las imágenes que nos envía Laura? ¿Reconoces a qué culturas o religiones pertenecen?

 Conocemos la destreza: Comparar y contrastar

Vamos a conocer la destreza Comparar y contrastar respondiendo a las siguientes preguntas:

1 ¿Serías capaz de reconocer aquellas imágen las que aparezca el islam?

2 Observando de nuevo las imágenes, ¿cómo las clasificarías?

3 ¿Por qué estableces esa clasificación?

2. Desarrollamos

 **Construimos un mapa de pensamiento comparando y contrastando**

Laura nos propone una misión: conocer las relaciones entre las dos religiones que mayor número de creyentes hay el mundo, el cristianismo y el islam. Para ello, nos aporta el testimonio de Miguel, el cual vive la fe islámica; y el de ella misma como cristiana. Ambos testimonios se encuentran en el ANEXO I a través del código QR.

www.e-sm.net/205579_06

- A continuación, construimos el mapa de pensamiento a partir de las siguientes preguntas:

Preguntas para construir el mapa de pensamiento:

1 ¿Cuál es nuestro propósito? ¿Qué categorías o características son significativas para nuestro propósito?

2 ¿Qué categorías se presentan como similitudes?

3 ¿Qué categorías se presentan como diferencias?

4 ¿Qué conclusión podemos sugerir de acuerdo con el propósito inicial?

1   ¿Cuál es nuestro propósito? ¿Qué categorías o características son significativas para nuestro propósito?

 Responde a esta pregunta rellenando esta parte del mapa de pensamiento.

PROPÓSITO

CATEGORÍAS / CARACTERÍSTICAS ÚTILES PARA LA COMPARACIÓN

1

7

2

8

3

9

4

10

5

11

6

12

2 ¿Qué categorías se presentan como similitudes? Marca con una "X".

3 ¿Qué categorías se presentan como diferencias? Marca con una "X".

4 ¿Qué conclusión podemos sugerir de acuerdo con el propósito inicial?

CATEGORÍAS / CARACTERÍSTICAS ÚTILES PARA LA COMPARACIÓN

SIMILITUDES

1

2

3

4

5

6

7

8

9

10

11

CONCLUSIÓN

12

Responde a estas preguntas rellenando esta parte del mapa de pensamiento.

DIFERENCIAS

3. Evaluamos

Responde a las siguientes preguntas sobre el trabajo que hemos realizado:

1 ¿Qué nombre recibe la destreza que hemos practicado en esta lección?

2 ¿Cómo hemos pensado? ¿Qué pasos hemos dado?

3 ¿Nos ha servido de algo? ¿Por qué?

4 ¿Qué podríamos mejorar para la próxima vez?

SENTIDO DE LA VIDA Y RELIGIONES 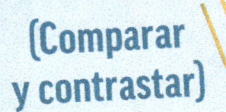 (Comparar y contrastar)

La acción de comparar y contrastar es muy parecida a la de observar la realidad con una lupa. En este caso, "la lupa" que empleamos es mental, y nos ayuda a reconocer las similitudes y diferencias, ayudándonos a comprender con profundidad, así como para identificar conexiones o descubrir detalles que enriquecen nuestro aprendizaje.

En la lección *Sentido de la vida y religiones. Comparar y contrastar*, hemos conocido el testimonio un joven musulmán llamado Miguel, y el de Laura, cristiana. A partir de la información que ambos nos aportaron, pudimos establecer una interesante comparación entre sus respectivas creencias.

¿Qué he aprendido en la lección?

1. Comenzamos

En el Nuevo Testamento podemos encontrar los cuatro Evangelios, Mateo, Marcos, Lucas y Juan, todo su contenido gira entorno a la vida, enseñanza y obras de Jesús. Ahora, siguiendo la dinámica de las llaves del pensamiento, ¿sabrías responder a estas preguntas?

¿Sabrías indicar 10 cosas que sepas sobre los Evangelios?

1 ....
2 ....
3 ....
4 ....
5 ....
6 ....
7 ....
8 ....
9 ....
10 ....

¿Sabrías plantear 5 preguntas cuya respuesta sea "Evangelio"?

1 ....
....
2 ....
....
3 ....
....
4 ....
....
5 ....
....

✋ Conocemos la destreza: Toma de decisiones

Las personas estamos constantemente eligiendo entre varias opciones y considerando las consecuencias. La destreza de toma de decisiones nos ayuda a resolver problemas y desarrollar habilidades para enfrentar los desafíos del día a día. Así, por ejemplo, hace siglos, la Iglesia decidió clasificar los libros de la Biblia en una categoría conocida como "canónicos" (oficiales), o como "apócrifos" (no oficiales).

1 ¿Por qué la Iglesia tomó esta decisión?

2 ¿En qué se puede basar esta clasificación?

2. Desarrollamos

 **Construimos un mapa de pensamiento tomando decisiones**

Además de los Evangelios canónicos, Mateo, Marcos, Lucas y Juan, existen otros Evangelios que son reconocidos como "apócrifos". Nuestra misión será decidir si el documento del *Evangelio de Tomás* (ANEXO II, disponible en el código QR) puede o no ser incluido en la Biblia.

Para poder cumplir con esta misión, construiremos el mapa de pensamiento a partir de las siguientes preguntas:

www.e-sm.net/205579_07

Preguntas para construir el mapa de pensamiento

1 ¿Qué hace necesaria la decisión?

2 ¿Cuáles son mis opciones?

3 ¿Cuáles son las consecuencias probables, buenas o malas, de cada opción?

4 ¿Qué importancia tienen las consecuencias de cada opción?

5 ¿Qué opción es la mejor a la luz de las consecuencias?

Preguntas para construir el mapa de pensamiento n.º 1 y 2

1 ¿Qué hace necesaria la decisión?

2 ¿Cuáles son mis opciones?

¿QUÉ NECESITO DECIDIR?

¿CUÁLES SON MIS OPCIONES?

OPCIÓN 1

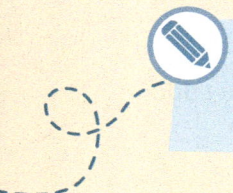

Responde a estas preguntas rellenando esta parte del mapa de pensamiento.

OPCIÓN 2

3 ¿Cuáles son las consecuencias probables, buenas o malas, de cada opción? Marca en la casilla de "consecuencias", empleando "+" (para las buenas) o "-" (para las malas).

4 ¿Qué importancia tienen las consecuencias de cada opción?

5 ¿Qué opción es la mejor a la luz de las consecuencias?

OPCIÓN 1

CONSECUENCIAS ¿Qué sucedería si tomo esta decisión?	EVIDENCIA ¿En qué me baso para pensarlo?	VALOR ¿Qué importancia tiene esta consecuencia? ¿Por qué?

Esta opción, ¿es la mejor? ¿Por qué?

Responde a estas preguntas rellenando esta parte del mapa de pensamiento.

OPCIÓN 2

CONSECUENCIAS	EVIDENCIA	VALOR
¿Qué sucedería si tomo esta decisión?	¿En qué me baso para pensarlo?	¿Qué importancia tiene esta consecuencia? ¿Por qué?

Esta opción, ¿es la mejor? ¿Por qué?

3. Evaluamos

Responde a las siguientes preguntas sobre el trabajo que hemos realizado:

1 ¿Qué destreza hemos empleado para realizar nuestro pensamiento?

2 ¿Cómo lo hemos hecho? ¿Qué pasos hemos dado?

3 ¿Crees que hemos realizado el pensamiento de forma adecuada?

4 ¿Cómo lo harías la próxima vez?

LOS EVANGELIOS

(Toma de decisiones)

Al tomar decisiones evaluamos alternativas y consideramos opciones que nos ayuden a realizar alguna tarea, como estudiar o aprender. Se trata, por tanto, de una práctica que orienta nuestro pensamiento de manera positiva. Por ejemplo, decidir qué estudiar primero o cómo organizar nuestro trabajo.

En la lección *Los evangelios. Toma de decisiones*, hemos tenido la oportunidad de recordar quiénes eran los autores de los cuatro Evangelios, qué lugar ocupan en la Biblia y por qué. Todo ello para decidir si cabía la posibilidad o no de incluir un "quinto Evangelio", el de Tomás, un texto apócrifo que, aún siendo interesante, no forma parte de la lista de libros canónicos que indica la Iglesia.

¿Qué he aprendido en la lección?

1. Comenzamos

A Jesús se le ha representado de muchas y variadas formas...

- ¿Cuál es la imagen que te llama la atención? ¿Por qué?

- Todos los cristianos se reconocen como seguidores de Cristo, pero ¿qué sucede cuando seguimos a alguien famoso en redes sociales?

Conocemos la destreza: Clasificación ascendente

Esta destreza consiste en agrupar la información para ir de lo particular a lo general, es decir: supone organizar cosas relacionadas entre sí que nos conducen a su origen o fundamento. La clasificación ascendente es parecida a "subir una escalera", gracias a la cual podemos estructurar la forma en que pensamos y comprendemos para aprender y conocer mejor el mundo que nos rodea.

2. Desarrollamos

 **Construimos un mapa de pensamiento clasificando de lo particular a lo general**

Vivir la fe cristiana consiste en seguir a Jesucristo. Para ello es necesario conocerle bien. Nuestra misión consistirá en elaborar un perfil sobre la imagen de Jesús, pero ¿de dónde podemos obtener la información sobre quién es él? ¿Qué podemos averiguar sobre su personalidad o sus gustos? La respuesta la encontraremos en los Evangelios.

Por tanto, para nuestra investigación emplearemos tanto la información documental sobre Jesús del ANEXO I, como los textos evangélicos del ANEXO II, ambos disponibles a través del código QR.

www.e-sm.net/205579_08

Para poder cumplir con esta misión, construiremos el mapa de pensamiento a partir de las siguientes preguntas:

Preguntas para construir el mapa de pensamiento

1 ¿Cuáles son los objetos que necesitan ser clasificados?

2 ¿Cuáles son las características de cada uno de estos objetos?

3 ¿Qué tienen que en común estas características? ¿Cómo podemos agruparlas?

4 ¿Qué nombre puedes emplear para clasificar el grupo de los elementos que comparten características?

5 ¿Qué tipos de categorías puedes identificar?

1 ¿Cuáles son los objetos que necesitan ser clasificados?

2 ¿Cuáles son las características de cada uno de estos objetos?

OBJETO	CARACTERÍSTICAS
Texto 1	
Texto 2	
Texto 3	
Texto 4	
Texto 5	
Texto 6	
Texto 7	
Texto 8	
Texto 9	
Texto 10	
Texto 11	
Texto 12	
Texto 13	
Texto 14	
Texto 15	
Texto 16	
Texto 17	
Texto 18	
Texto 19	
Texto 20	
Texto 21	

Responde a estas preguntas rellenando esta parte del mapa de pensamiento.

OBJETO	CARACTERÍSTICAS
Texto 22	
Texto 23	
Texto 24	
Texto 25	
Texto 26	
Texto 27	
Texto 28	
Texto 29	
Texto 30	
Texto 31	
Texto 32	
Texto 33	
Texto 34	
Texto 35	
Texto 36	
Texto 37	
Texto 38	
Texto 39	
Texto 40	
Texto 41	
Texto 42	
Texto 43	
Texto 44	
Texto 45	

3 ¿Qué tienen que en común estas características? ¿Cómo podemos agruparlas?

4 ¿Qué nombre puedes emplear para clasificar el grupo de los elementos que comparten características

5 ¿Qué tipos de categorías puedes identificar?

MODOS DE CLASIFICAR LOS ELEMENTOS

CATEGORÍAS	TIPOS DE CATEGORÍAS

Para organizar las ideas que surjan, se puede rellenar esta *red de clasificación*.

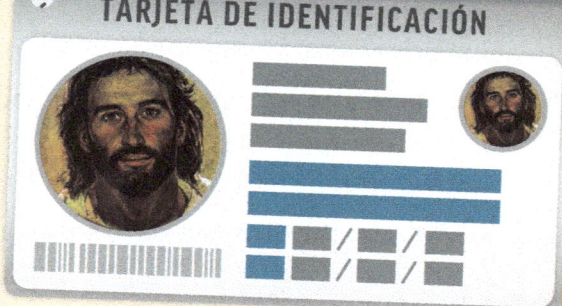

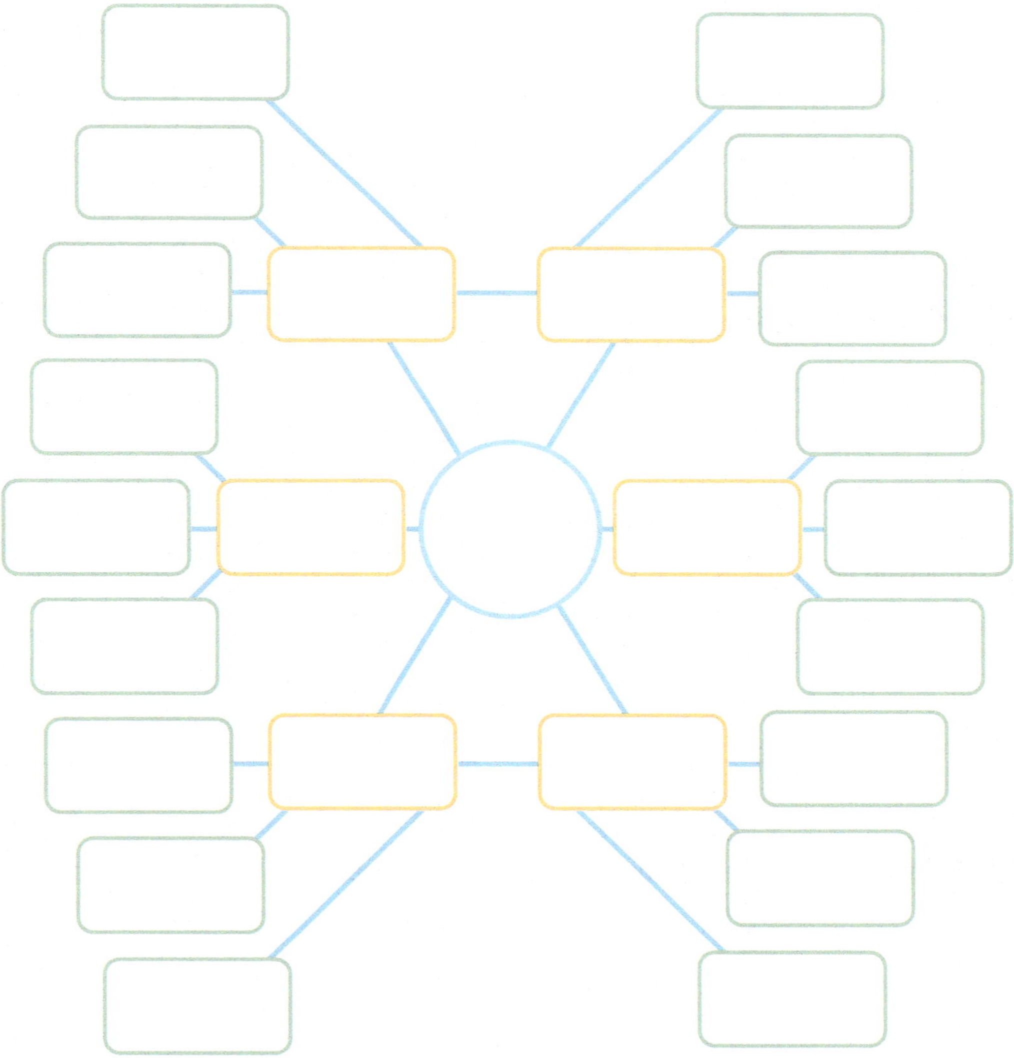

TARJETA DE IDENTIFICACIÓN

3. Evaluamos

Responde a las siguientes preguntas sobre el trabajo que hemos realizado:

1 ¿Qué destreza hemos empleado para realizar nuestro pensamiento?

2 ¿Cómo lo hemos hecho? ¿Qué pasos hemos dado?

3 ¿Crees que hemos realizado el pensamiento de forma adecuada?

4 ¿Cómo lo harías la próxima vez?

5 ¿En qué otras asignaturas o aspectos de la vida puedes utilizar esta destreza?

JESÚS Y EL REINO

Clasificación ascendente

Como destreza de pensamiento, la clasificación ascendente nos permite ordenar de menor a mayor la información que necesitemos organizar, identificando características o rasgos que nos conducen a obtener una mayor comprensión de aquello que tratamos de analizar.

En la lección *Jesús y el reino. Clasificación ascendente*, nos hemos atrevido a leer 45 fragmentos de los Evangelios para poder obtener un estudio que permitiera conocer quién y cómo es Jesús.

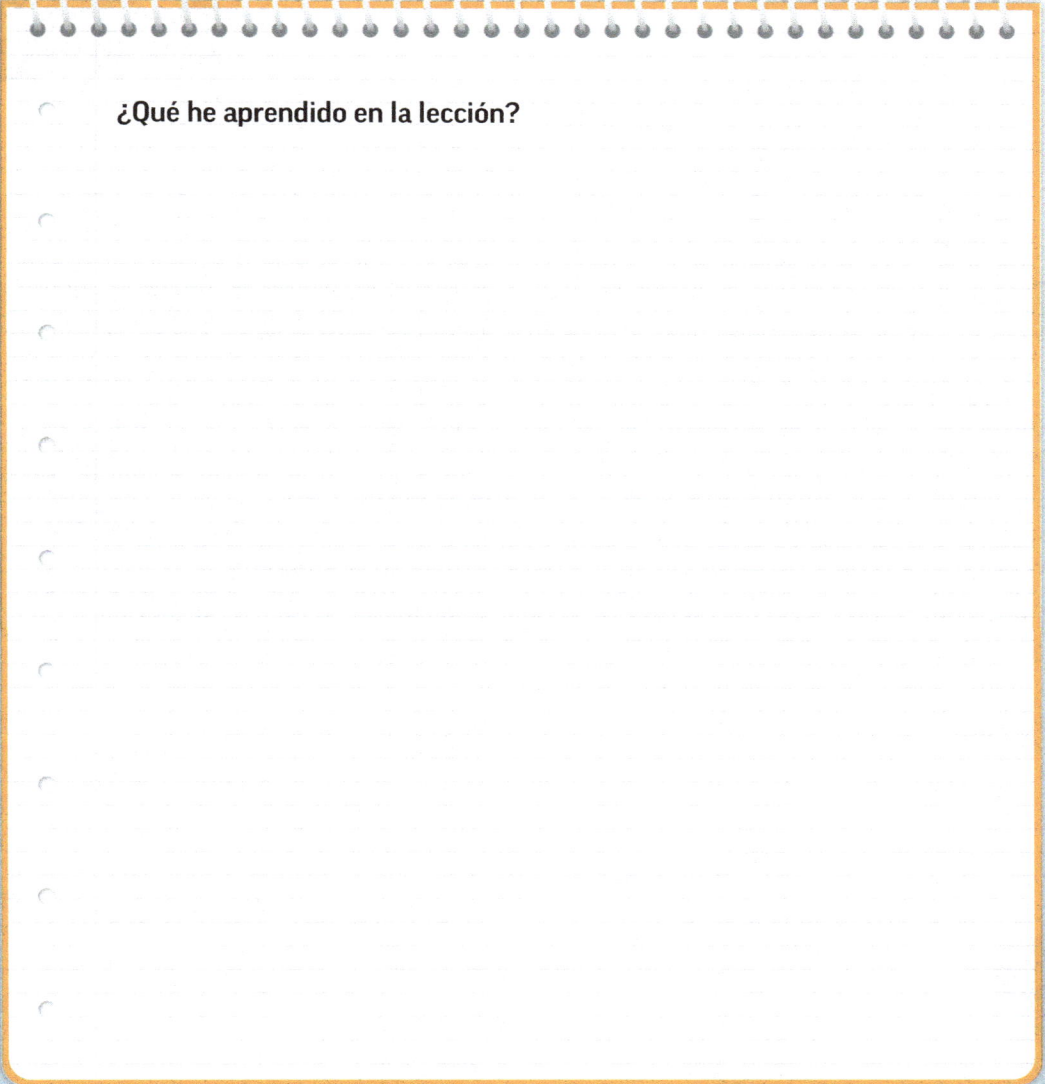

¿Qué he aprendido en la lección?

1. Comenzamos

Los sacramentos son un regalo especial de Dios y a través de ellos, Él nos abraza haciéndonos sentir y celebrar su amor. Son un total de siete: bautismo, eucaristía, confirmación, reconciliación, matrimonio, orden sacerdotal y unción de enfermos. Cada sacramento nos recuerda su presencia real, y nos ayuda a ser mejores como personas.

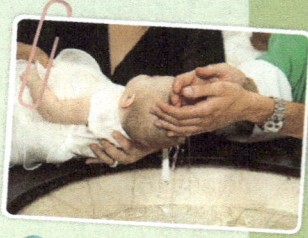

 • ¿Qué sacramentos has recibido?

• ¿Con quién y dónde lo celebraste?

 **Conocemos la destreza: Entender metáforas**

Las metáforas son una herramienta que nos permiten entender las cosas utilizando descripciones creativas. Además, sirve como destreza de pensamiento ayudándonos a expresar una idea mediante la atribución de una palabra o imagen a algo diferente, con el objetivo de resaltar una característica o cualidad común entre ambos elementos.

www.e-sm.net/205579_09

Pero, para conocer esta destreza visualizamos el corto de *"La mosca"*, disponible a través del código QR, y a continuación respondemos a las siguientes preguntas:

1 En el corto, ¿la mosca podría ser la metáfora de aquello que nos molesta?

2 ¿Qué sería la metáfora? ¿Y el objeto real?

3 ¿Qué nos dice la metáfora del objeto real?

2. Desarrollamos

 **Construimos un mapa de pensamiento entendiendo metáforas**

Los sacramentos nos unen a Dios, y cada uno de ellos tiene signos visibles que contienen un significando profundo que nos ayuda a experimentar la presencia y el amor de Dios en nuestras vidas, pero: ¿cuáles son esos signos? ¿Qué significado tienen?

www.e-sm.net/205579_09

Para responder a este interrogante, consultaremos la información del ANEXO IV, disponible en el código QR.

Para poder cumplir con esta misión, construiremos el mapa de pensamiento a partir de las siguientes preguntas:

Preguntas para construir el mapa de pensamiento

1 ¿Cuál es la metáfora?

2 ¿Cuál es el objeto de la metáfora?

3 ¿Qué características describen a la metáfora?

4 ¿Qué características describen al objeto de la metáfora?

5 ¿Qué características del objeto y la metáfora son similares?

6 Basándonos en las características que coinciden, ¿qué nos dice la metáfora sobre el objeto?

1 ¿Cuál es la metáfora?

2 ¿Cuál es el objeto de la metáfora?

3 ¿Qué características describen a la metáfora?

 Responde a estas preguntas rellenando esta parte del mapa de pensamiento.

METÁFORA

OBJETO

CARACTERÍSTICAS

1

2

3

4

5

AGUA

PAN Y VINO

CIRIO PASCUAL

Preguntas para construir el mapa de pensamiento n.º 4

4 ¿Qué características describen al objeto de la metáfora?

Responde a estas preguntas rellenando esta parte del mapa de pensamiento.

OBJETO

↓

CARACTERÍSTICAS

1

2

3

4

5

Preguntas para construir el mapa de pensamiento n.º 5 y 6

5 *¿Qué características del objeto y la metáfora son similares?*

6 *¿Qué nos dice la metáfora sobre el objeto?*

Responde a estas preguntas rellenando esta parte del mapa de pensamiento.

METÁFORA

OBJETO

CARACTERÍSTICAS

1
2
3
4
5

CARACTERÍSTICAS

1
2
3
4
5

IMPOSICIÓN DE MANOS

ANILLOS

"YO TE ABSUELVO"

¿QUÉ NOS DICE LA METÁFORA?

SOBRE...

3. Evaluamos

Responde a las siguientes preguntas sobre el trabajo que hemos realizado:

1 ¿Qué destreza hemos utilizado para realizar nuestro pensamiento?

2 ¿Cómo lo hemos hecho? ¿Qué pasos hemos dado?

3 ¿Crees que hemos realizado el pensamiento de forma adecuada?

4 ¿Cómo lo harías la próxima vez?

5 ¿En qué asignaturas la emplearías?

6 ¿En qué asignaturas la emplearías?

LOS SACRAMENTOS

(Entender metáforas)

Las metáforas nos ayudan a comparar cosas que, aún siendo distintas, comparten algún aspecto o característica. En este sentido, utilizar metáforas nos impulsa a ser creativos con el lenguaje que empleamos a la hora de expresar y compartir ideas.

En la lección *Los sacramentos. Entender metáforas*, hemos podido conocer la importancia de los sacramentos en la vida cristiana, conociendo el significado profundo de los signos que los identifican y su aportación a la vida espiritual del creyente.

¿Qué he aprendido en la lección?

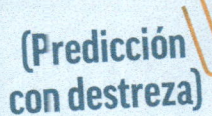

1. Comenzamos

No podemos negar que el cristianismo ha influido en muchos aspectos de la vida del mundo occidental, llegando incluso a inspirar costumbres y hábitos sin los que hoy no comprenderíamos nuestra forma de vida.

 ● **¿Podrías anotar algún ejemplo de la influencia del cristianismo en estas categorías?**

EL IMPACTO DEL CRISTIANISMO EN LA CULTURA ACTUAL	
TIEMPO	
ESPACIO	
LENGUAJE	
EDUCACIÓN	
VIAJES	
ARTE	
LITERATURA	

 ## Conocemos la destreza: Predicción con destreza

Constantemente hacemos predicciones. Una de las grandes diferencias que nos separan del resto de los animales es nuestra capacidad de predecir acontecimientos, algunos de ellos muy alejados en el tiempo o en el espacio. Sin embargo, nuestra intuición no es suficiente, y nos vemos envueltos en mil dudas, entonces:

1 ¿Cómo podemos resolver nuestras dudas al respecto?

Pongamos un caso: tenemos la capacidad de predecir cómo puede ser el clima en cincuenta años, y podemos plantearnos, por ejemplo, qué consecuencias económicas puede tener una decisión como eliminar las energías fósiles de nuestras formas de consumo.

2 ¿Qué puede ocurrir si no reducimos el consumo de energías fósiles?

2. Desarrollamos

Construimos un mapa de pensamiento prediciendo

¿Existirían los colegios tal y como los conocemos si no hubieran surgido los primeros monasterios de la Edad Media? ¿Qué relación tienen aquellos monasterios con nuestros centros educativos? Para responder a esta pregunta será necesario que conozcamos la "La historia de Casiodoro" (ANEXO III, disponible en el código QR).

www.e-sm.net/205579_10

Y nos propondremos construir nuestra respuesta a partir de las siguientes preguntas que plantea el mapa de pensamiento:

Preguntas para construir el mapa de pensamiento

1 ¿Qué cosas pueden ocurrir?

2 ¿Qué evidencias o hechos podrías pensar para que ocurran?

3 ¿Qué información está disponible para comprobar las anteriores evidencias?

4 A la luz de las evidencias, ¿es una predicción fiable?

1 ¿Qué cosas pueden ocurrir?

2 ¿Qué evidencias o hechos podrías pensar para que ocurra? Te puede ayudar el documento Profundiza_2 (disponible en el código QR).

www.e-sm.net/205579_10

¿QUÉ HABRÍA OCURRIDO SI CASIODORO Y SUS SUCESORES NO HUBIERAN FUNDADO MONASTERIOS?

PREDICCIÓN

1

2

3

4

5

Responde a estas preguntas rellenando esta parte del mapa de pensamiento.

EVIDENCIAS

3 ¿Qué pruebas o qué información está disponible para comprobar las anteriores evidencias? Marca con "+", si lo está, o con "-", en caso contrario. Te puede ayudar el documento Profundiza_2 (disponible en el código QR).

4 A la luz de las evidencias, ¿es una predicción fiable?

www.e-sm.net/205579_10

EVIDENCIAS

1

2

3

4

5

Responde a estas preguntas rellenando esta parte del mapa de pensamiento.

¿ES PROBABLE LA PREDICCIÓN?

3. Evaluamos

Responde a las siguientes preguntas sobre el trabajo que hemos realizado:

1 ¿Cuál es el nombre de la estrategia de pensamiento que hemos trabajado?

2 ¿Puedes definir cada una de las etapas y recordar las preguntas que hemos ido planteando en cada momento?

3 ¿Qué es lo primero que hemos buscado para confirmar nuestra predicción inicial?

4 ¿Por qué, a veces, no es suficiente esa primera evidencia para enjuiciar una conclusión?

EL IMPACTO DEL CRISTIANISMO EN LA CULTURA OCCIDENTAL

(Predicción con destreza)

Hacer suposiciones es el punto de partida de la destreza de pensamiento basada en la predicción. Sin embargo, es necesario encontrar evidencias sobre las que apoyar nuestra conclusión. Por ejemplo, al leer un cuento, podemos predecir cómo terminará según lo que sabemos de los personajes y la trama general, pero si no continuamos la lectura, no daremos con la verdad. La predicción, por tanto, es una habilidad que nos ayuda a planificar y prepararnos para cualquier situación, conociendo las consecuencias de nuestras acciones y planteamientos.

En la lección *El impacto del cristianismo en la cultura occidental. Predicción con destreza*, partimos de una suposición: ¿existirían los colegios si no hubieran sido fundados los monasterios en la Edad Media? Este interrogante lo pudimos resolver siguiendo una serie de pasos que nos orientaron a reconocer la importancia que ha tenido el cristianismo en nuestro modo de entender la vida.

¿Qué he aprendido en la lección?

MIS NOTAS

MIS NOTAS

ÍNDICE